글 정은주

대학에서 문예창작을 공부했어요. 지금은 책을 읽고, 여행을 다니고, 아이들을 위한 글을 씁니다.

쓴 책으로 《세계 친구들을 만나는 세계 지도 이불》, 《탈것들을 찾아 떠나는 세계 지도 여행》, 《신통방통 수원화성》, 《손으로 그려 봐야 우리 땅을 잘 알지(공저)》, 《손으로 그려 봐야 세계지리를 잘 알지(공저)》 등이 있습니다.

그림 해랑

자연과 관계에서 창작의 동기를 얻습니다.

그린 책으로 《국경》, 《기소영의 친구들》, 《물요정의 숲》, 《들개왕》 등이 있습니다.

★ 책에 나오는 해외 기차역 이름은 지명과 역을 띄어 썼습니다.(중앙역, 북역 제외)

똑똑한 책꽂이 13

기차 타고
부산에서 런던까지

개정판 1쇄 발행 2025년 5월 8일 | **초판 1쇄 발행** 2019년 10월 28일
글 정은주 | 그림 해랑
펴낸이 김상일 | **펴낸곳** 도서출판 키다리
편집주간 위정은 | **편집** 이신아 | **디자인** 이기쁨 | **마케팅** 윤재영, 장현아 | **관리** 김영숙
출판등록 2004년 11월 3일 제406-2010-000095호
제조국 대한민국 | **사용연령** 10세 이상
주소 경기도 파주시 심학산로 10
전화 031-955-9860(대표), 031-955-9861(편집) | **팩스** 031-624-1601
이메일 kidaribook@naver.com | **홈페이지** www.kidaribook.kr
ISBN 979-11-5785-739-5(77980)

· 이 책의 출판권은 도서출판 키다리에 있습니다.
· 저작권법에 의해 한국 내에서 보호를 받는 저작물이므로, 무단전재와 무단복제를 금합니다.
· 잘못된 책은 구매하신 곳에서 교환할 수 있습니다.

기차 타고 부산에서 런던까지

정은주 글
해랑 그림

킨더리

아침 일찍 나는 눈을 번쩍 떴어요.
오늘은 우리 가족이 기차 여행을 떠나는 날이기 때문이에요.
나는 기차 여행이 처음이라 이 날을 손꼽아 기다렸어요.
내 동생 장군이는 일어나자마자 빨리 기차를 타러 가자고 엄마를 졸랐어요.
아빠가 그러는데 우리 가족은 여러 종류의 기차를 타고 많은 나라를 여행할 거래요.

부산역은 사람들로 북적거렸어요.
우리 가족은 기차를 타기 위해 사람들 틈을 바쁘게 걸어갔지요.
안내 방송이 들리고, 길고 매끈한 기차가 승강장에 멈춰 섰어요.
곧 모든 문이 동시에 스르륵 열렸는데 마치 누가 마술을 부리는 것 같았어요.
이번 여행은 할머니의 칠십 번째 생일을 기념해 가는 거예요.
할머니는 옛날부터 기차를 타고 먼 곳으로 여행 가는 게 꿈이었대요.
그래서인지 꽃무늬 가방을 멘 할머니는 나와 장군이처럼 신나 보였어요.

드디어 기차가 부산역에서 서울로 출발했어요.

나는 창문으로 바짝 다가가 밖을 보았지요. 기차가 얼마나 빠른지 창밖 풍경이 휙휙 지나갔어요.

기차는 모두 이렇게 빠른 거냐고 물었더니, 엄마는 우리가 탄 KTX 열차가 우리나라에서 가장 빠른 기차라고 했어요.

▲ 여기는 KTX 열차 안이에요. KTX는 2004년 4월 서울-부산 간 고속철도의 개통으로 운행을 시작한 초고속 열차예요.

서울역은 부산역보다 사람들이 훨씬 더 많았고, 열차를 기다리는 외국 사람들도 많았어요.
할머니는 오랜만에 서울역에 왔더니 옛 서울역과 너무 다르다며 무척 놀라워했어요.
우리 가족은 서울역에서 인천 공항으로 가는 열차를 타러 갔어요.
전 세계에서 가장 길고, 가장 오래 달리는 시베리아 횡단열차를 타려면
인천 국제공항에서 비행기를 타고 러시아 블라디보스토크라는 도시로 가야 한대요.

▲ 여기는 서울역이에요. 2003년에 새로 지어진 서울역은 경부선, 경의선, 호남선, 지하철1·4호선 그리고 공항철도와 이어지지요. 우리나라 역 중에서 가장 많은 사람들이 이용하고 있어요.

● 서울은 우리나라 수도로, 약 2,000년의 역사를 가진 도시예요. 조선시대 정궁인 경복궁 등 중요한 문화재가 많아요. 서울의 대표적인 교통수단인 지하철을 타면 도시 곳곳을 여행할 수 있어요.

▼ 한강은 우리나라를 대표하는 큰 강으로, 태백산에서 흘러온 남한강과 금강산에서 흘러온 북한강이 만나 서울을 흘러 서해와 만나지요.

아빠, 저기 자전거를 타는 사람들이 보여.

▼ 옛 서울역은 1925년에 지어졌어요. 지금은 역으로 사용하지 않고 '문화역서울 284'라는 문화 공간으로 이용합니다.

공항철도 인천 공항행 열차에 탄 나는 아빠와 나란히 앉았어요.
아빠는 서울에는 서울역만큼 큰 역이 여러 개 있다고 했어요.
그 역들에는 우리나라 이곳저곳을 갈 수 있는 철길들이 이어져 있대요.
하지만 철길이 있어도 갈 수 없는 곳이 있대요.
서울에서 북한 신의주까지 이어진 경의선이라는 철길이 있지만
한국 전쟁 이후 기차는 경의선 종점까지 달릴 수 없다고 해요.
아빠 이야기를 듣는 동안 까만 땅속을 달리던 열차는 금세 환한 땅 위를 달렸고,
강물이 출렁거리는 한강도 쏜살같이 건넜어요.

▼ 공항철도는 우리나라에서 가장 큰 공항인 인천 국제공항과 서울역을 연결하는 철도예요.

인천 국제공항에서 나는 처음으로 비행기를 탔어요.
비행기가 붕 떠오르자 내 몸도 붕 떠오르는 것 같았지요.
창문 밖으로 산과 길과 집들이 작은 장난감처럼 보였어요.

"나림아, 이 비행기는 북한 땅을 빙 둘러서 러시아로 가고 있어.
만약 우리가 북한 땅에 갈 수 있다면 비행기 대신 기차를 타고 러시아에 갈 수 있겠지."
아빠가 창밖을 보며 설명해 줬어요.
"정말? 그럼 기차 타고 북한도 여행할 수 있는 거야?"
"그럼."
나는 아빠에게 빨리 기차를 타고 북한에 가 보고 싶다고 했어요.
아빠는 기차를 타고 북한은 물론, 넓은 대륙까지 이어서 달리는 날이 조만간 올 거라고 했어요.

◀◀ 휴전선은 1950년 6월 25일에 일어난 한국 전쟁 이후 남한과 북한 사이에 생겼어요.

◀ DMZ는 휴전선을 기준으로 남북으로 각각 2km까지의 지역을 말해요. DMZ 열차를 타면 용산역, 서울역에서 출발해 DMZ에 있는 도라산, 연천 그리고 백마고지를 둘러볼 수 있어요.

러시아 블라디보스토크 공항에 내린 우리 가족은 택시를 타고 호텔로 향했어요.
밤이었기 때문에 바깥 풍경이 잘 보이지 않았지요.
나는 자꾸 눈꺼풀이 내려와서 아빠에게 기대어 스르륵 잠이 들었어요.

다음 날, 우리 가족은 푸니쿨라라는 작은 전차를 탔어요.
푸니쿨라는 덜컹덜컹 흔들리며 독수리 전망대로 올라갔지요.
시원한 바람이 부는 전망대에서는 바다와 배들, 커다란 다리가 잘 보였어요.
주위를 천천히 둘러보던 엄마는 두 손을 높이 들고
"와, 기분 좋다!" 하고 크게 외쳤어요!
그러자 옆에 있던 장군이도, 할머니도 엄마를 따라했어요.

▼ 여기는 블라디보스토크예요. 러시아 동쪽 끝에 있는 이 도시는 '동방을 지배하라'는 뜻을 가졌어요. 예부터 러시아 해군의 군항이었어요.

러시아

블라디보스토크

서울·부산

● 러시아는 세계에서 가장 넓은 땅을 가진 나라로, 남한과 북한을 합친 면적의 77배나 되고 유럽과 아시아에 걸쳐 있어요.

▶ 금각만은 햇빛이 비치면 바다 표면이 황금 뿔 같아 보인다 해서 지어진 이름이에요. 금각만에는 크고 멋진 금각교가 있어요.

▲ 여기는 독수리 전망대예요. 이곳에서는 블라디보스토크 항구를 중심으로 바다가 훤히 보이지요. 러시아 키릴 문자를 만든 키릴로스와 메소디오스 형제의 동상이 있어요.

우리 가족은 점심을 먹고 블라디보스토크 역에서 시베리아 횡단열차를 탔어요.
승차권에 적힌 번호를 찾아 객실을 찾아갔는데 2층 침대와 작은 테이블이 있었어요.
기차 안에 침대가 있다니!
나는 침대에 몸을 쭉 펴고 누워 보았어요.
아빠는 우리가 6박 7일 동안 이 기차를 탈 거라고 했어요.
열차 안에서 잠도 자고, 밥도 먹을 거래요.
나는 열차 여행이 지루하지 않을까 걱정했는데
열차 안을 둘러보니 예상했던 것과 달리 재미있어 보여서 기분이 좋았어요.

▲ 블라디보스토크 역은 1891년 러시아 왕조 알렉산드로 3세 때부터 지은 러시아 대표 유적 중 하나예요. 시베리아 횡단열차의 시작과 끝인 블라디보스토크 역과 야로슬라브스키 역은 17세기에 만들어졌기 때문에 겉모습이 비슷해요.

▶ 역 안에 있는 모든 시계는 블라디보스토크 시간보다 7시간 느려요. 왜냐하면 러시아의 모든 기차는 수도 모스크바 시간을 사용하기 때문이에요.

그런데 열차가 출발하고 한참이 지나서도 할머니가
객실에 오지 않았어요.
열차 안 이곳저곳을 기웃거려도 할머니를 찾을 수 없었지요.
잠시 후 할머니가 낯선 할머니와 함께 객실로 들어왔어요.
할머니는 아빠, 엄마, 나 그리고 장군이에게 금발 머리에
눈이 큰 러시아 할머니를 소개했어요.
러시아 할머니는 나와 장군이에게 러시아 빵을 주었는데
쫄깃하고 고소해서 아주 맛있었어요.
할머니와 러시아 할머니는 말이 통하지 않아도
마주보고 앉아 손짓으로 한참 이야기를 나누었어요.
할머니들을 보면서 나도 러시아 친구가 생기면
좋겠다는 생각을 했어요.
그러면 열차 여행이 훨씬 즐겁고 재미있을 테니까요!

▶ 시베리아 횡단열차는 블라디보스토크에서 러시아 수도 모스크바까지 달리는 동안, 정차하는 주요 역만 60개가 넘어요. 철로의 총 길이는 9,288km이며, 지구 둘레의 4분의 1에 달해요.

▼ 시베리아 횡단열차는 여러 가지 여정으로 운행되기 때문에 일정에 따라 선택할 수 있어요.

시베리아 횡단열차는 넓은 벌판을 달렸어요. 긴 다리를 건너기도 했어요.

구부러진 철로 위를 달릴 때는 창문 밖으로 기차의 끝자락이 보이기도 했지요.

열차는 우리가 잘 때도, 놀 때도, 밥을 먹을 때도 계속 달렸어요.

창밖으로 하얀 나무가 많이 보였는데 엄마는 그 나무가 자작나무라고 알려 줬어요.

날씨가 추운 러시아에는 자작나무가 많은데, 나무가 탈 때 자작거리는 소리가 나서 붙여진 이름이래요.

- 블라디보스토크에서 출발한 시베리아 횡단열차는 하바롭스크를 지나 울란우데에서 바이칼 호수를 끼고 돌아 이르쿠츠크 등의 도시를 지나 우랄산맥을 넘어 모스크바로 가요.

◀ 시베리아는 우랄산맥 동쪽에서 태평양 연안에 이르는 땅으로 러시아에서 가장 넓은 땅이에요. 1년 중 추운 날이 많아요.

열차가 역에 멈춰 잠시 쉴 때도 있었어요.

러시아 먹을거리와 물건들을 파는 작은 시장이 열리는 역도 있었어요.

우리 가족은 열차가 설 때마다 바람을 쐬러 밖으로 나갔다가 다시 열차에 탔지요.

열차에서 두 밤을 자고 난 다음날, 사람들이 자리에서 일어나 창밖을 보며 소리치기 시작했어요.

창 너머에 바이칼 호수가 넘실대고 있었어요.

나는 바다처럼 크고 푸른 호수가 마음에 쏙 들었어요.

열차는 쉬지 않고 달려서 예카테린부르크 역에 도착했어요.

아빠는 열차가 우랄산맥을 넘어 몇 시간 더 달리면 시베리아 횡단열차의 종착지인 러시아의 수도, 모스크바에 도착할 거라고 했어요.

◀◀ 바이칼 호수는 세계에서 가장 오래되고, 가장 크고, 가장 깊은 호수예요. 2,600여 종의 동식물이 살고 있으며 1996년 유네스코 세계 자연 유산으로 지정됐어요.

◀ 우랄산맥은 러시아 서쪽에 있으며 남북으로 길게 뻗어 있어요. 우랄산맥을 기준으로 동쪽은 아시아, 서쪽은 유럽으로 나눠요.

열차가 모스크바 야로슬라브스키 역에 도착했어요.
기차에서 내린 우리 가족과 러시아 할머니는 다시 만나자며 손을 흔들었어요.
우리는 모스크바를 구경하기 위해 지하철역으로 갔는데
콤소몰스카야 지하철역 안은 높은 천장과 반짝반짝 빛나는 조명들로 무척 화려했어요.
동화책에서 본 궁전 안에 있는 것 같았지요.
아빠가 그러는데 모스크바에 있는 지하철역들은 각각 특징이 있고 아름답대요.

우리는 지하철을 타고 제일 먼저 붉은 광장으로 갔어요.
붉은 광장은 중요한 건물들이 많아서 '모스크바의 심장'이라고 불린대요.
나는 광장을 구경하다가 지붕 모양이 특이하고 색깔이 알록달록한 건물을 발견했어요.
그 건물을 향해 후다닥 달려갔어요. 가까이서 본 건물은 더욱 예뻤어요.
아빠는 그 건물이 바실리 성당이라고 알려 주면서
길을 잃어 버릴 수도 있으니 맘대로 가면 안 된다고 주의를 주었어요.
나는 아빠 손을 꼭 잡고 성당 안으로 들어갔어요.
성당 안에는 여러 가지 모양의 벽지와 신비한 그림들이 있었고,
옛 러시아 물건들이 가득했어요.

◀ 크렘린은 2km가 넘는 성벽과 19개의 망루로 이루어져 있어요.

▶ 여기는 붉은 광장 남동쪽에 있는 바실리 성당이에요. 바실리 성당은 러시아 황제 이반 4세가 전쟁 승리를 기념하기 위해 지었어요. 높은 중앙 탑과 양파 모양의 8개의 탑이 있고, 지금은 박물관으로 사용하고 있어요.

▲ 무명용사의 묘는 대조국 전쟁 때 공을 세운 용사들을 기리는 묘로, '꺼지지 않는 불'이 늘 타오르고 있어요.

▲ 붉은 광장으로 가려면 두 개의 탑으로 이루어진 부활의 문을 지나야 해요. 문 앞에 있는 제로 포인트는 러시아 도로의 기준점으로, 동전을 던지는 곳으로 유명해요.

다음 날, 우리 가족은 모스크바 벨라루스키 역에서 기차를 탔어요.
기차는 러시아 국경을 넘어 벨라루스와 폴란드를 지나 독일로 간대요.
폴란드를 지나기 전 군복 입은 사람이 와서 여권에 기차 모양 도장을 찍어 줬어요.
그건 기차가 국경을 넘는다는 뜻이래요.

독일 베를린 리히텐베르크 역에 도착한 우리 가족은 제일 먼저 체크포인트 찰리라는 곳으로 갔어요.
아빠와 엄마는 베를린에 오면 제일 먼저 이곳에 오고 싶었대요.
엄마는 예전에 독일도 우리나라처럼 둘로 나뉜 적이 있었는데
체크포인트 찰리는 동베를린과 서베를린을 오갈 수 있는 유일한 문이었대요.
지금은 그 문이 없어졌지만 그 자리를 보기 위해 많은 사람들이 방문한다고 해요.

베를린 곳곳에는 다양한 곰 조각상이 있었어요.
무지개 곰, 축구공 무늬가 있는 곰, 넥타이를 멘 곰
그리고 전철 노선도가 그려진 곰도 있었지요.
장군이와 나는 곰 조각상을 만날 때마다 같이 사진을 찍었어요.

● 여기는 베를린이에요. 독일의 수도로 정치, 경제, 문화가 발달한 대도시지요. 제2차 세계 대전이 끝나고 서베를린은 미국, 영국, 프랑스가 분할 통치했고, 동베를린은 소련이 공산주의 국가를 세웠지만, 1990년에 하나가 되었어요.

브란덴부르크 문 근처에서 물방울 쇼를 구경할 땐 물방울이 얼마나 큰지 물방울을 타고 하늘을 둥둥 떠다니면 좋겠다는 생각을 했어요.

▲ 브란덴부르크 문은 1791년에 완공된 개선문이에요. 고대 그리스 신전과 비슷한 모양으로, 프로이센 군대가 전쟁에 나가고 들어올 때 사용했어요.

▲ 홀로코스트 추모비는 제2차 세계 대전 때 나치에 의해 목숨을 잃은 유대인들을 추모하는 기념관이에요.

우리 가족은 독일 베를린 중앙역에서 기차를 타고 벨기에 브뤼셀로 이동했어요.

엄마는 벨기에에 가면 여러 가지 초콜릿을 볼 수 있다고 했어요.

할머니는 내가 가장 맘에 드는 초콜릿을 선물로 사 주겠다고 약속했지요.

나는 달콤한 초콜릿을 떠올리며 기차가 빨리 브뤼셀에 도착하기를 바랐어요.

벨기에 브뤼셀 미디 역에 도착해서는 '세상에서 가장 아름다운 광장'이라는 그랑 플라스에 갔어요. 광장에서 유명한 오줌싸개 소년 동상을 봤는데, 쉬지 않고 오줌을 누고 있는 동상을 보자 웃음이 나왔어요.

장군이가 아기였을 때 모습이 떠올랐거든요.

오줌싸개 동상 기념품을 산 장군이는 유치원에 가져갈 거라며 무척 좋아했어요.

● 여기는 브뤼셀이에요. 벨기에의 수도로 박물관과 미술관 등이 많고, 유럽 연합과 북대서양 조약 기구 본부가 있지요. 벨기에는 유럽 교통의 중심지예요.

◀ 브뤼셀 시청사는 그랑 플라스에서 가장 화려한 건물이에요. 팔각형 탑 꼭대기에는 성미카엘 조각상이 있으며 꼭대기에서 내려다보면 광장의 멋진 모습이 한눈에 보여요.

다음으로 왕의 집에 갔는데, 이름과 달리 이곳에 왕이 살았던 적은 없대요. 지금은 박물관으로 사용되는데, 오줌싸개 소년 동상을 위해 세계 각국에서 보내온 민속 의상들이 눈에 띄었어요. 그중에는 우리나라 색동 한복도 있었어요. 외국에서 한복을 보니 반갑고 뿌듯했어요.

오줌싸개 동상이 장군이 같아.

◀◀ 브뤼헤는 브뤼셀 북서쪽에 있는 물의 도시예요. 작은 보트를 타고 운하를 다니면서 아름다운 옛 건물들을 볼 수 있어요.

◀ 벨기에는 와플이 처음 만들어진 나라예요. 밀가루와 우유로 반죽한 빵에 여러 가지 시럽을 발라 먹어요.

브뤼셀 미디 역에서 프랑스 파리로 가기 위해 탄 기차는 지금까지 탄 것 중 제일 좋은 기차였어요.
나는 기차 안에 들어가자마자 "우와!" 하고 소리쳤지요.
환한 조명 아래 놓인 빨간 의자는 푹신하고 편안했고 앞에 놓인 넓은 테이블은 고급스러웠어요.
좀 있다가 식사가 나왔는데 너무 맛있어서 나는 아빠 것까지 먹어 버렸어요.

프랑스 파리에 도착한 우리 가족은 파리 북역에서 택시를 탔어요.
택시 아저씨는 강 건너 에펠탑이 있는 곳에 우리를 데려다 주었지요.
나는 책에서만 봤던 에펠탑을 올려다보았어요.
뾰족한 탑은 마치 하늘을 찌를 것 같았지요.
엄마가 그러는데 에펠탑은 낮에도 멋있지만 밤에 불이 켜지면 더 멋있대요.
열심히 탑을 보고 있는데 누군가 내 등을 톡톡 두드렸어요.
깜짝 놀라 뒤를 보니 이모와 이모부가 활짝 웃으며 서 있는 거예요!
에펠탑 아래에서 이모를 만나다니 나는 꿈을 꾸는 것 같았어요.
이모는 너무 놀라서 입을 다물지 못하고 있는 나를 꼬옥 안아 주었어요.

● 여기는 파리예요. 프랑스의 수도로, 예술과 문화가 발달했지요. 도시 가운데에 센강이 흐르고, 강 주위에 아름다운 건물이 많아요.

◀◀ 루브르 박물관은 원래 파리를 방어하기 위한 요새였어요. 지금은 밖에 커다란 유리 피라미드가 있고, 안에는 수많은 미술품들이 보관되어 있어요.

◀ 콩코드 광장은 파리 중심에 있어요. 광장 가운데에는 아름다운 분수대와 이집트로부터 선물 받은 오벨리스크가 있어요.

◀◀ 몽마르트르 언덕은 130미터 높이의 언덕이지만 파리에서 가장 높은 곳이기 때문에 이곳에 가면 파리를 내려다볼 수 있어요. 19세기에 화가와 시인, 작곡가 등이 거주해 문화 예술의 공간으로 알려졌으며, 지금도 초상화를 그려 주는 화가 등 다양한 예술가들이 활동하고 있어요.

◀ 에투알 개선문은 나폴레옹 1세에 의해 세워졌어요. 외관에는 나폴레옹 1세의 업적이 새겨져 있고, 아치형 문 안에는 전쟁에서 목숨을 잃은 군인들의 이름이 새겨져 있어요.

작년에 결혼한 이모와 이모부는 너무 바빠서 신혼여행을 갈 수 없었대요.
그래서 올해 신혼여행을 계획했는데, 할머니 생일에 맞춰 가족들과 파리에서 만나기로 한 거래요.
내가 엄마에게 왜 말해 주지 않았냐고 물었더니, 나와 장군이를 놀라게 해 주고 싶었대요.
이모부는 장군이를 목마 태우고 나는 이모의 손을 꼭 잡고 파리 구경을 했어요.
이모와 이모부가 함께해서 여행이 더 즐거웠어요.

저녁을 먹은 후 이모는 파리로 오기 전 여행한 곳들을 얘기해 주었어요.
이모와 이모부가 처음 간 곳은 이탈리아 로마래요.
오래 전부터 로마 여행을 꿈꿨던 이모는 로마에 도착하자마자
도시 구석구석을 걸어 다니며 멋진 건물들을 보고, 피자와 젤라또도 실컷 먹었대요.
로마에는 세계에서 가장 작은 나라인 바티칸 시국이 있는데
그곳에서 본 훌륭한 조각상들과 신비로운 그림들은 잊을 수가 없대요.
여행 마지막 날에는 트레비 분수에 동전을 던졌는데 분수에 동전을 던지면
다시 로마로 온다는 말을 듣고 동전을 자그마치 10개나 던졌대요.

▲ 콜로세움은 황제의 명령으로 짓기 시작해 서기 80년에 완성된 원형 건물로, 당시 고전극이나 검투사 경기 등이 열렸어요.

▼ 팔라티노 언덕은 옛 로마 제국이 시작된 곳이에요. 이곳에서는 옛 로마 제국의 대전차 경기장과 포로 로마노 등이 보여요.

● 여기는 로마예요. 이탈리아의 수도로, 기원전 753년부터 이루어진 오래된 도시지요. 옛날 로마 제국은 유럽, 아프리카 그리고 아시아를 지배했는데 당시 만들어진 건물과 예술품들이 지금까지 많이 남아 있어요.

▲ 바티칸 박물관은 교황이 있는 바티칸 시국 안에 있는 박물관으로, 미켈란젤로, 라파엘로 등 최고의 예술가들의 작품을 볼 수 있어요.

▶ 진실의 입은 산타마리아 인 코스메딘 성당 한쪽 벽면에 있어요. 옛날에는 구멍 안에 손을 넣고 진실을 말하게 했대요. 원래는 하수도 뚜껑이었다는 얘기도 있어요.

▶ 트레비 분수는 세 갈래의 길이 합쳐진 곳이라서 지어진 이름이에요. 분수에는 바다의 신 포세이돈과 그의 아들인 트리톤 그리고 말 조각상이 있어요.

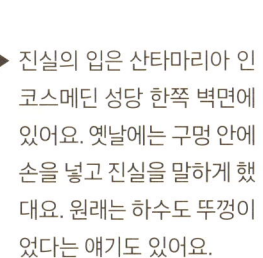
▲ 천사의 성은 흑사병이 사라진 것을 기념하기 위해 지어졌어요. 처음에는 원통 모양의 성만 있다가 차차 아름다운 성벽으로 둘러싸이게 되었어요.

◀ 스페인 광장은 예전에 마차가 쉬던 곳이었어요. 스페인 대사관이 세워지고 광장을 만들면서 유명해졌어요.

이모와 이모부는 로마 테르미니 역에서 밀라노로 가는 기차를 놓칠 뻔 했대요.
허둥지둥 기차에 오른 이모가 자리에 앉으려고 할 때 마침 창밖으로 보이는 노을이 정말 예뻤다고 해요.
이모는 우두커니 서서 노을이 초록색 올리브 나무 숲을 빨갛게 물들이는 풍경을 오래 바라보았대요.

▼ 올리브 나무는 이탈리아 등의 지중해 나라에서 많이 자라는 나무예요. 잎은 좁고 긴 타원형이고, 꽃은 4~5월에 피지요. 열매는 피자나 스파게티 요리에 많이 쓰여요.

밀라노 중앙역에 도착한 이모와 이모부는 제일 먼저 두오모를 보러 갔대요.
이탈리아에서는 대성당을 두오모라고 하는데, 밀라노 두오모는 무수히 많은 첨탑이 하늘을 향해 뻗어 있고
건물에는 3,000개가 넘는 조각상이 새겨져 있다고 해요.
이모는 밀라노에서 제일 좋아하는 예술가 레오나르도 다빈치의 그림을 만났다고 해요.
다빈치가 그린 '최후의 만찬'을 볼 때 가슴이 엄청 두근거렸대요.
이모는 레오나르도 다빈치 석상 앞에서 다빈치와 똑같은 자세로 찍은 사진을 보여 주었어요.

이탈리아 밀라노에서 스위스 베른으로 가는 기차 안에서는
크고 깨끗한 호수들과 알프스산맥을 봤대요.
알프스산맥 중 몽블랑산은 아주 높아서 멀리서도 잘 보인대요.
이모와 이모부는 기차 안에서 파란 호수에 비친 뭉게구름과
호수 위에 떠 있는 배를 보며 차를 마셨는데
창밖 풍경이 누군가 멋지게 그린 그림 같았대요.

◀ 알프스산맥은 유럽 중부와 남부에 있는 아주 큰 산맥이에요. 스위스, 이탈리아, 오스트리아 그리고 프랑스 등 여러 나라에 걸쳐 있지요. 산에서 내려오는 많은 물로 자연스럽게 생긴 호수가 많아요.

● 여기는 밀라노예요. 밀라노는 이탈리아 북쪽에 있는 도시로, 패션의 도시로 유명해요.

▲ 비토리오 에마누엘레 2세 갤러리는 미술관이자, 세계에서 가장 오래된 쇼핑몰이에요. 중앙돔 아래에는 화려한 상점들이 많아요.

◀ 스칼라 극장은 이탈리아를 대표하는 화려한 극장이에요. 공연이 없는 날에도 극장을 구경할 수 있어요.

▲ 레오나르도 다빈치는 이탈리아를 대표하는 예술가이자 과학자, 사상가예요. 조각, 건축, 음악 등에 천재적인 재능을 갖고 있었어요.

◀ 산타 마리아 델레 그라치에 성당에는 예수와 열두 제자를 그린 레오나르도 다빈치의 작품 '최후의 만찬'이 있어요.

스위스 베른 역에 도착한 이모는 맑은 공기를 마시며 도시를 돌아다녔다고 해요.

베른은 도시 가운데에 곰 공원이 있고, 도시를 상징하는 깃발에도 곰이 그려져 있대요.

도시 주위를 흐르는 강 근처에도 곰 조각상이 있는데 그게 진짜 곰인 줄 알고 깜짝 놀랐다고 해요.

베른이라는 이름은, 이 도시를 만든 사람이 처음으로 사냥을 나갔다가 만난 동물이 곰이라서

독일어로 곰의 복수형인 베렌(baren)과 비슷하게 붙였을 거란 얘기가 있대요.

나는 이모에게 베를린에서 봤던 곰 조각상 이야기를 해 주었어요.

- 여기는 스위스의 수도 베른이에요. 베른은 아름다운 숲과 U자 모양의 강으로 둘러싸여 있지요. 15세기 중세 분위기의 거리가 완벽하게 보존되어 있어서 1983년에 유네스코 세계 문화 유산으로 지정됐어요.

- 베른 대성당은 스위스에서 가장 큰 기독교 건축물이에요. 계단을 올라 전망대에서 보는 풍경은 아주 멋져요.

◀◀ 치트글로케는 베른을 대표하는 시계탑이에요. 매시 4분 전부터 종이 울리기 시작하고, 곰 조각상들이 퍼레이드를 해요. 공연이 가장 오래 지속되는 시간은 낮 12시 정각이에요.

◀ 베른에는 분수가 많아요. 대부분 중세 시대에 만들어진 것으로, 색이 다양하고 기둥에 조각상이 올려져 있어요.

이모는 스위스가 기차의 천국이라고 했어요.
스위스는 아름다운 자연을 가지고 있는 나라로, 많은 여행객들이 기차 여행을 한대요.
스위스에는 여러 종류의 기차가 있는데 저마다 특색이 있어서 지루하지 않대요.
어떤 기차는 아주 긴 터널을 지나기도 하고,
어떤 기차는 산 중턱을 지그재그로 가다가 낭떠러지를 이어 놓은 다리 위를 달리기도 하는데
그럴 때는 너무 아찔해서 눈을 감게 된다고 했어요.

◀ 스위스 루체른에 있는 빈사의 사자상은 1792년 프랑스의 왕 루이 16세와 왕비 마리 앙투아네트가 머무는 궁전을 지키다 목숨을 잃은 스위스 군인들을 기리기 위해 만들었어요. 사자상에는 '스위스인들의 충성심과 용기를 기리며'라고 새겨져 있어요.

이모는 알프스산맥의 높은 봉우리인 융프라우를 오를 때 탄 등산 기차 이야기도 해 주었어요.
노란색 기차, 초록색 기차 그리고 빨간색 기차로 여러 번 기차를 갈아 탔는데
창밖으로 보이는 푸른 초원과 소 떼의 모습이 정말 인상적이었다고 해요.
또 어떤 기차는 지붕까지 유리로 되어 있어서
기차를 타는 내내 멋진 풍경 속에 퐁당 빠져 있는 느낌이었다고 해요.
이모는 열차를 타고 가다가 반대편 열차가 지나가면 그 기차에 탄 사람들에게 손을 흔들었대요.
나도 이모처럼 스위스의 다양한 기차를 타 보고 싶다는 생각이 들었어요.
이모와 이모부는 우리를 만나러 파리로 오기 위해 베른 중앙역에서 기차를 타고
프랑스 리옹 역을 지나 파리 북역에 도착했대요.

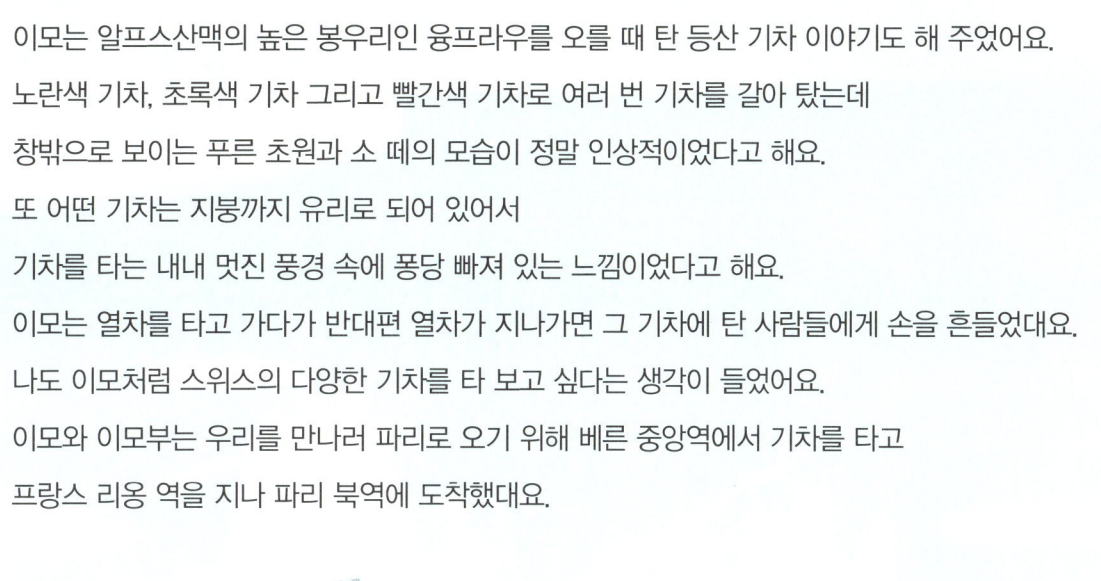

◀◀ 마테호른 글라시어 파라다이스 전망대는 유럽에서 가장 높은 곳에 있는 전망대예요.

◀ 퐁뒤는 걸쭉하게 녹인 치즈에 빵, 감자, 야채 등을 찍어 먹는 스위스의 대표적인 요리예요.

이모는 다음에는 기차를 타고 유럽 북쪽을 여행하고 싶대요.
기차를 타고 멋진 피오르와 산타 마을에 가고 싶어서래요.
나도 데려가 달라고 부탁하자 이모는 꼭 그러겠다고 약속했어요.
나는 밤하늘을 보면서 산타 마을이 어떤 곳일지 상상해 보았어요.
산타 마을은 항상 눈이 내릴지, 산타 할아버지는 어떻게 생겼을지 떠올려 봤어요.
기차가 많은 유럽에서는 산타 할아버지가 사슴 대신 기차를 타고 다니지 않을까
하는 생각도 들었어요.

● 유럽 북쪽에는 덴마크, 노르웨이, 스웨덴, 핀란드, 아이슬란드 등의 나라가 있어요.

▲ 노르웨이는 피오르가 발달해 있어요. 피오르는 빙하가 깎아 만든 U자 모양의 골짜기에 바닷물이 들어와 만들어진 좁고 기다란 만(바다가 육지 쪽으로 들어온 형태)을 말해요.

◀ 핀란드에 있는 로바니에미 역에서 북동쪽으로 가면 산타 마을이 있어요. 산타 할아버지가 사는 곳으로 산타 우체국과 순록이 끄는 썰매를 볼 수 있어요.

▲ 바이킹은 옛날 북유럽 지역에 있던 해적이에요. 노르웨이에 있는 바이킹 박물관에 가면 옛 바이킹의 배를 볼 수 있어요.

▼ 백야는 밤이 되어도 해가 지지 않아 어두워지지 않는 것을 말해요. 위도가 높은 북유럽은 여름에 낮이 무척 길어요.

우리 가족은 유로스타를 타기 위해 파리 북역으로 갔어요.

많은 사람들이 유로스타를 타기 위해 줄을 서서 기다리고 있었지요.

할머니는 아빠가 가져온 작은 간이 의자 덕분에 서 있지 않아도 됐어요.

엄마에게 이번에는 어디 갈 거냐고 묻자 엄마는 섬나라 영국으로 갈 거라고 했지요.

"섬으로 가는데 왜 기차를 타?"

"우리가 탈 기차는 바다 속 터널을 지나갈 거야."

나는 정말 놀랐어요! 기차를 타고 바다 속을 지나가다니 말이에요.

▲ 여기는 유로스타 안이에요. 유로스타는 프랑스 파리 북역에서 영국 런던 세인트판크라스 역까지 연결해 주는 초고속 열차예요.

우리가 탄 기차가 유로 터널 속으로 들어갔어요.

바다를 볼 수는 없었지만 기차를 탄 채로 바다 속에 있다는 것이 정말 신기했어요.

할머니가 내 머리를 쓰다듬으며 말씀하셨어요.

"나림아, 할머니는 가족들이랑 이렇게 오랫동안 여행한 게 처음이야. 할머니는 지금 참 행복해."

그때 나는 슬그머니 자리에서 일어나 옆 칸으로 가는 이모를 보았어요.

그 뒤를 따라가는 이모부도 보았지요.

잠시 후 엄마는 할머니의 손을 잡고 이쪽으로 와 보시라고 이끌었어요.
그 뒤를 나와 장군이가 쫄랑쫄랑 쫓아갔지요.
식당 칸에 들어간 나는 깜짝 놀랐어요.
이모와 이모부, 아빠가 커다란 케이크 앞에 서 있었기 때문이에요.
엄마와 이모가 할머니를 위해 깜짝 생일 파티를 준비한 거예요!

장군이는 할머니 머리에 고깔모자를 씌워 드렸어요.
할머니가 아이처럼 웃으셨지요.
우리 가족이 생일 축하 노래를 부르자, 식당 칸에 있던 사람들이 함께 노래를 부르고 박수도 쳐 주었어요.
일흔 번째 생일을 기차 안에서 맞이하는 할머니는 정말 행복해 보였어요.

기차는 영국 런던 세인트판크라스 역에 도착했어요.
부슬부슬 비가 내리고 있었는데 우리 가족이 호텔에 짐을 두고 밖으로 나왔을 땐
어느새 비가 그치고 햇빛이 비쳤어요.
이모는 버킹엄 궁전 앞에서 근위병 교대식이 있을 거라며 빨리 그곳으로 가자고 했어요.
교대식은 정해진 날, 정해진 시간에만 진행되기 때문에 때를 맞추지 않으면 보기 어렵대요.
궁전 앞 거리에는 까맣고 둥근 모자에 빨간 옷을 입은 근위병들이 행진을 하고 있었고,
하늘에는 전투기들이 공연을 하고 있었어요.
이모부가 황실에 큰 행사가 있는 날은 교대식과 함께 화려한 공연이 있다고 알려 줬어요.
엄청나게 많은 사람들이 근위병들을 향해 깃발을 흔들고, 박수를 쳤어요.
나는 무척 가까운 거리에서 구경했는데 늠름한 근위병들의 모습은 진짜 멋있었어요.

● 여기는 런던이에요. 약 2,000년의 역사와 전통을 가진 영국의 수도지요. 다양한 인종과 문화가 어우러진 런던에는 전 세계 유물들이 모여 있는 영국 박물관을 비롯 색다른 박물관과 갤러리 등 문화 시설이 많아요. 또한 런던은 세계 최초로 지하철이 개통된 도시예요.

▲ 버킹엄 궁전에는 영국 왕이 살고 있어요. 보통 월·수·금·일 오전 11시 전후에 궁전 앞에서 근위병들의 교대식을 볼 수 있지만 날씨 등으로 인해 변경될 때도 있어요.

교대식이 끝나자 우리 가족은 런던을 구경했지요.

빙글빙글 돌아가는 런던 아이를 탔더니 런던이 한 눈에 보였어요.

커다란 건물들과 초록색 공원, 강 위의 배, 거리를 걸어 다니는 사람들이 엄청 작게 보였어요.

장군이는 런던 아이를 한번 더 타고 싶다고 엄마를 졸랐지만, 기다리는 사람들이 많아서 그럴 수 없었어요.

◀◀ 템스강 옆에 있는 런던 아이는 유럽에서 가장 높은 대관람차로, 타원형 캡슐 32개가 360도로 회전해요.

◀ 템스강은 런던을 흐르는 큰 강이에요. 강변을 걸으면 타워 브리지, 세인트 폴 성당 등을 구경할 수 있어요.

저녁을 먹으면서 아빠는 내일 비행기를 타고 집으로 간다고 말했어요.
나는 우리의 기차 여행이 끝난다는 게 너무 아쉬웠지만 우리 집도, 학교도 그리웠어요.
무엇보다 친구들이 정말 보고 싶었어요.

◀◀◀ 빅 벤은 영국을 상징하는 시계탑이에요. 영국 사람들은 높은 시계탑 아래에서 새해 시작을 알리고 축하 공연을 해요.

◀◀ 웨스터민스터 사원은 영국 국교회를 대표하는 교회예요. 왕실의 결혼식 등의 큰 행사를 하는 곳이기도 해요. 사원 내부에는 영국의 왕, 뉴턴, 셰익스피어의 무덤과 기념비가 있어요.

◀ 피시 앤 칩스는 영국의 전통 음식이에요. 바삭한 생선 튀김과 감자튀김을 같이 먹을 수 있어요.

나는 비행기를 타고 집으로 가고 있어요.

옆자리에 앉은 이모는 나에게 어떤 기차가 제일 좋았냐고 물었어요.

러시아 대륙을 달리던 시베리아 횡단열차, 브뤼셀에서 탔던 멋진 빨간색 기차,

그리고 바다 속으로 들어 갔던 유로스타가 떠올랐어요.

나는 기차를 타기 위해 낯선 승강장에 서 있을 때마다 새로운 기차를 만날 생각에 설렜어요.

기차는 아름다운 산과 강, 숲과 호수를 보여 줬고,

우리 할머니와 러시아 할머니처럼 새로운 친구도 사귀게 해 주었어요.

나는 이모에게 모든 기차 여행이 좋았다고 대답했어요.

그러자 이모도 나와 같은 생각이라며 싱긋 웃었어요.

이모는 기차가 비행기에 비해 속도가 느리고, 자동차보다 조금 불편할 수 있지만

나라와 나라, 도시와 도시를 연결해 주는 안전한 교통수단이라고 했어요.

또 정해진 속도로 달리는 기차에 앉아 창밖으로 지나가는 풍경들을 보면

멋진 그림이나 영화를 보는 것 같아 낭만적인 기분이 든다고 했어요.

나는 이모와 같은 생각이라며 활짝 웃었어요.

얼른 친구들을 만나서 우리 가족의 멋진 기차 여행 이야기를 들려주고 싶어요.

모두가 기차를 타고 넓은 땅을 마음껏 여행하는 날이 오길 바라는 마음으로요!

1. 기차를 타고 북한을 여행할 수 있어요?

우리나라 철도는 언제 처음 생겼을까요?

우리나라에 철도가 처음 개통된 건 1899년, 서울 노량진에 생긴 인천 구간(경인선)이에요. 그 후 1905년에는 서울에서 부산(경부선), 1906년에는 서울에서 신의주(경의선)을 연결하는 철도가 만들어졌어요.

1899

1905

1906

안중근

90년 전에 우리나라에서 기차를 타고 독일과 중국에 간 사람들은 누구일까요?

손기정은 1936년 독일 베를린 올림픽에서 금메달을 딴 마라톤 선수예요. 당시 그는 서울역에서 기차를 타고 만주와 베이징을 지나 베를린까지 갔어요.
일제강점기 때 우리나라 독립운동가였던 안중근은 부산에서 기차를 타고 하얼빈으로 이동해 일본인 이토 히로부미를 저격한 후 체포돼 순국했어요.

손기정

우리나라에 언제 철도가 생겼을까요?
우리나라 철도는 일제강점기에 처음 만들어졌어요. 우리나라가 일본제국주의에 지배를 받던 시절, 일본은 더 많은 이익을 취하기 위해 철도를 만들어 사람과 물자를 이동시켰어요.

철도의 장점은 무엇일까요?
철도는 많은 사람들과 물건들을 정해진 시간 안에 빠르게 이동시킬 수 있어요.

우리나라와 북한을 연결하는 철로가 있나요?
서울과 신의주를 오가던 열차는 1911년에 북한과 중국 사이를 흐르는 압록강에 철교가 완성되자 철교를 건너 만주까지 갔어요.
1914년에는 서울에서 원산(경원선)까지, 1937년에는 강원도 양양에서 원산(동해선)까지 열차가 다녔지요.
1950년 한국 전쟁으로 우리나라와 북한을 잇는 열차는 운행이 정지되었어요.

지금 우리나라에서 열차를 타고 북한에 갈 수 있나요?
경의선은 서울에서 신의주까지 철로가 연결되어 있지만 북한에 있는 철로가 오래되어서 수리를 해야 기차가 다닐 수 있어요.
동해선은 강릉-제진 구간 등 끊어진 선로를 이으면 부산에서 북한 나진까지 기차가 다닐 수 있어요.

유럽 대륙에 있는 대부분의 나라들은 철도로 잘 연결되어 있어요. 철도로 연결된 유럽 지도를 보면 마치 거미줄을 보는 것 같지요. 유럽 사람들은 나라에서 나라로 이동할 때 기차를 많이 이용하고 있어요. 유럽 철도가 유럽에 있는 나라들과 유럽 사람들을 하나로 묶는 역할을 하는 거예요.

유레일패스는 정해진 기간 동안 유럽의 31개국을 자유롭게 여행할 수 있는 기차 티켓이에요. 나라와 나라 사이를 이동할 때 기차역 매표소에서 유레일패스와 여권을 보여주면 구간에 따라 무료 혹은 할인 금액으로 기차를 이용할 수 있어요.

--- 나림이네 가족 이동 경로
- 시베리아철도(TSR)
- 만주횡단철도(TMR)
- 몽골횡단철도(TMGR)
- 중국횡단철도(TCR)

1950년 한국 전쟁 이후 그어진 휴전선 때문에 우리나라와 북한은 오랫동안 자유롭게 왕래할 수 없었어요. 그런데 2018년 6월 우리나라가 국제철도협력기구(OSJD)에 가입하면서 기차로 북한, 중국 그리고 러시아를 지나 유럽으로 갈 수 있게 되었어요.

서울에서 신의주까지 기차로 달린 다음에는 중국 단둥을 통해 중국대륙철도(TCR)로 갈아탈 수 있고, 강릉에서 나진까지 기차로 이동한 다음에는 시베리아 횡단철도(TSR)로 갈아타거나 중국 하얼빈을 지나는 만주횡단철도(TMR)로 갈아탈 수 있어요. 이렇게 아시아 동쪽 끝에 있는 대한민국에서 기차를 타고 대륙을 달려 유럽 서쪽 끝에 있는 영국까지 갈 수 있는 거예요. 그러기 위해서는 오래된 철도와 끊어진 철도를 복구하는 과정이 필요해요.

지금 사는 곳에서 기차를 타고 여러 나라를 방문하고 여러 나라 친구들을 만나는 상상을 해 보세요.
기차 여행은 새로운 경험이 가득한 매력적인 여행이랍니다.